AF561867

AVENTURES EXTRAORDINAIRES DE BUONAPARTE.

IMPRIMERIE DE Mme. Ve. PERRONNEAU.

AVENTURES EXTRAORDINAIRES DE BUONAPARTE,

Depuis l'époque de sa déchéance jusqu'à celle de son arrivée à l'île d'Elbe. — Son horoscope. — Prédictions du fameux Nostradamus. — Installation de Robinson dans son île. — Réflexions d'un Cosaque sur les écrits du jour, Le tout suivi de la Poule au pot, ou l'âge d'or des Français.

A PARIS,

Chez BÉCHET, Libraire, quai des Augustins, n°. 63.

1814.

PRÉFACE

DE L'AUTEUR, DU LIBRAIRE

ET DE L'IMPRIMEUR.

L'Auteur au Public. Messieurs, je me décide à faire paraître cette petite brochure parce que je la crois *bonne* et *piquante*.

L'Imprimeur. Moi, je n'entends rien au mérite d'un ouvrage ; quoi qu'il en soit, j'imprime celui-ci sans difficulté, parce que je suis sûr d'être bien payé, soit qu'il réussisse ou non... et c'est un petit avantage que beaucoup d'Imprimeurs n'ont pas.

Le Libraire. Quant à moi, ayant la malheureuse habitude de régler les mémoires d'Auteurs et d'Imprimeurs avant d'avoir mis leur ouvrage en vente, j'ai la douleur de voir ma caisse se vider pour un succès souvent incertain, et voilà parfois ce qui me désole ; mais si le lendemain de la publication d'un livre, le Public l'achète et se l'arrache, enfin si l'argent m'abonde de tous côtés... alors je suis content... très-content.

L'Auteur en l'interrompant. En ce cas, mon cher Libraire, vous ne risquez rien de bien vous réjouir. Je vous jure, *foi d'Auteur*, que mes *Aventures extraordinaires de Buonaparte* auront le plus grand succès. Le Public est connaisseur... Il a de l'esprit, du discernement... vous verrez... vous verrez...

Cet oracle est plus sûr que celui de Calchas.

AVENTURES
EXTRAORDINAIRES
DE
BUONAPARTE,
DEPUIS SA DÉCHÉANCE.

CHAPITRE PREMIER.

Nostradamus aux Français. — Horoscope de Buonaparte. — Siège de Paris. — Fuite de Joseph. — Sort du Sénat.

> Le grand Sénat décernera la pompe
> A un qu'après sera vaincu, chassé.
>
> *Centurie* 10, *quatrain* 76.

Moi, Jean-Michel Nostradamus, médecin du roi Charles IX, le plus savant, le plus érudit, le plus profond de tous les docteurs en *us* et des astrologues, devins, prophètes passés, présens et à venir....

A tous les Français qui ces présentes verront : salut, paix, gaîté, santé et félicité.

Français légers, peuple incrédule, vous êtes-vous assez longtems moqué de mes savantes prédictions? avez-vous assez tourné ma personne en ridicule? Depuis plus de deux siècles, je gémissais de votre funeste aveuglement. Eh! quoi, me disais-je, c'est donc en vain que j'aurai usé tous les ressorts de mon vaste génie dans l'espoir d'éclairer un jour l'univers... Tant de travaux, tant de merveilles ne seront payés que de la plus noire ingratitude, du plus profond mépris! Ah! Nostradamus, était-ce là le sort qui t'était réservé!... Mais le jour de mon triomphe est venu. Resplendissant de gloire, je m'offre aujourd'hui à vos yeux.... Profanes, courbez vos fronts; incrédules, tremblez devant le miroir de la vérité.

On avait mille fois poussé l'impolitesse jusqu'à dire, qu'un prophète de mon espèce n'était point du tout sorcier... Que sais-je! On n'a pas même craint de me confondre avec cet astrologue de ridicule mémoire, ce petit morveux de Mathieu Laënsberg qui, depuis quelques années, a le sot privilége de radoter *incognito* dans la bonne ville qui l'a vu naître. Eh bien! vous allez enfin apprendre à me connaître, vous allez rendre justice au grand homme.

Hélas ! si vous n'aviez pas jusqu'à ce jour dedaigné de méditer les profonds mystères que renferment mes prédictions, vous eussiez prévu tous les maux qui ont pesé sur votre tête ; vous n'eussiez pas si longtems gémi sous le joug d'un homme dont j'avais, depuis plus de deux siècles, tiré l'horoscope dans mes *centuries immortelles*.

N'importe, approchez tous.... J'oublie le passé : vous étiez trop à plaindre pour que je puisse conserver le moindre ressentiment contre vous.

Or écoutez :

Dans ma première centurie je vous disais :

« Un Empereur naîtra près de l'Italie, qui à « l'Empire sera vendu bien cher, diront avec « quels gens il se rallie, qu'on trouvera moins « prince que boucher. »

Buonaparte n'est-il pas venu de Corse ? Son avènement au trône n'a-t-il pas été le résultat d'une révolution sanglante ? L'esprit de conquêtes qui le dominait n'a-t-il pas invinciblement attesté ses goûts sanguinaires.

Dans ma sixième centurie j'ai dit encore :

« Mars et le sceptre se trouvera conjoints ; « dessous Cancer, calamiteuse guerre ; un peu

« après sera nouveau roi oint, qui par long-
« tems pacifiera la terre. »

Rentrez en vous-mêmes.... Quelles scènes viennent de se passer sous vos yeux? Buonaparte, pour prix de ses premières victoires, n'a-t-il pas été nommé Empereur? n'est-ce pas sous *le signe du Cancer*, c'est-à-dire, dans un mois de juin, qu'il a déclaré la guerre à la Russie, qu'il a essuyé des pertes innombrables en cavalerie, artillerie, etc. Voilà bien *la calamiteuse guerre* que je vous prédisais... Et ce roi qui devait être *oint* un peu après, c'est l'auguste Louis XVIII qui va bientôt être sacré, c'est lui qui doit, *pour longtems*, *pacifier la terre.*

Dans ma dixième centurie j'ai ajouté :

« Comme un griffon viendra le roi d'Europe,
« accompagné de ceux d'Aquilon; de rouges
« et blancs conduira grande troupe, et iront
« contre le roi de Babylon.

Qu'est-ce que le *roi d'Europe?* c'est l'Empereur Alexandre dont les états occupent la plus grande partie de l'Europe.... Qu'est-ce que *les rois d'Aquilon?* ce sont tous les souverains du nord qui doivent se réunir, se coaliser. Qu'est-ce enfin que le *roi de Babylon?*

c'est le rebelle Buonaparte qui aimera mieux exposer le salut de la France que d'accepter le traité qu'on lui proposera, qui se trouvera bientôt cruellement puni de son audacieuse perversité. La prédiction de ces *grandes troupes* dirigées contre lui, s'est, je le pense, assez réalisée! Avez-vous jamais vû passer sous vos yeux plus de convois, plus d'armées de toutes les nations? et dites encore que Nostradamus est un vieux radoteur.... Oh! mais ce n'est rien encore.

J'ai ajouté dans ma troisième centurie :

« La république de la grande cité à grande
« rigueur ne voudra consentir : Roi sortir hors
« par trompette cité, l'échelle au mur, la cité
« repentir. »

Vous allez peut-être dire que je ne me pique pas d'une grande clarté, d'une excessive élégance : cela peut être ; mais pourvu que je prédise la vérité, peu importe de quelle manière je m'énonce. D'ailleurs, messieurs les mauvais plaisans, vous oubliez, sans doute, que mon style date du seizième siècle, il ne peut donc avoir les grâces et le piquant du vôtre. Il serait ridicule d'exiger d'un vieillard de quatre-vingt-dix ans, la légèreté, la souplesse et la vigueur d'un jeune homme de vingt-ans... J'en reviens à mon sujet.

Je dis *la république de la grande cité* ; c'est comme si je disais les autorités constituées de Paris, le conseil municipal de la ville ne voudront pas *consentir à grande rigueur*, ou bien, ne voudront pas permettre qu'on défende la capitale, parce qu'ils penseront, ainsi qu'un brave maréchal de votre connaissance, qu'il devient fort inutile (pour le seul intérêt d'un homme absent, d'un souverain que tout le monde abhorre), de faire piller, brûler, saccager la plus belle ville du monde.... Vous reconnaissez, sans doute, ce roi vaillant que je vous signale comme quittant la ville, *excité par la trompette* ou par le bruit du canon ; car il ne faut pas trop me chicaner sur l'expression. *On met l'échelle au mur*, cela veut dire que les alliés tourneront les belles positions que vous occupiez, qu'ils s'empareront des hauteurs qui dominent Paris, et y placeront leur artillerie. La capitulation obtenue, la cité, en voyant tous les ravages occasionnés par un seul jour de défense, se repentira d'avoir laissé sacrifier de part et d'autre tant de soldats dont le sang aurait pu être épargné.

J'en viens à ma deuxième centurie.

Un moment... Les censeurs vont peut-être me faire observer ici que j'adopte une marche rétrograde, que je vais à reculons. En effet, après avoir cité les dixième, sixième et troisième centuries, j'arrive à la seconde... N'oublions pas, messieurs, je vous prie, qu'en parlant de l'empereur, cette manière de procéder *à reculons* est très-raisonnable.

« L'aigle posée autour des pavillons, par
« autres oiseaux d'entour, sera chassée, quand
« bruit des cimbres, tubes et sonnaillons ren-
« dront le sens de la dame insensée. »

Une fois la capitulation faite... que sont devenus les chiffres, les statues, les abeilles, les aigles de Buonaparte? On a tout détruit, tout renversé... Ce drapeau tricolore qui flottait depuis si longtems sur le château des Tuileries, a fait place aux lys, au drapeau blanc, au symbole éternel de paix et de bonheur. Le bruit de mes *cimbres*, de mes *tubes*, de mes *sonnaillons* ne tombe peut-être pas sous vos sens; je vais tâcher de me rendre plus intelligible. Les *cimbres* d'autrefois sont les cimbales et autres instrumens de même espèce qu'on a depuis adoptés; les *tubes* sont pris ici pour tous les instrumens à vent, et les *sonnaillons* pour tous les instrumens à sonnette dont les peuples du Nord et sur-tout du Levant font un grand usage... *Ils rendront le sens à la dame insensée.* Vous devinez peut-être que cette *insensée* est la ville de Paris, qui fut longtems trompée, égarée par de fausses insinuations sur les véritables intentions des Puissances coalisées. Le bruit de tous les instrumens devient aujourd'hui, au milieu de vous, un signe d'alliance, de concorde et de réjouissances.

La conclusion de mes prédictions se trouve dans ma dixième centurie :

« Cent fois mourra le tyran inhumain ; mis
« à son lieu savant et débonnaire. Tout le Sénat
« sera dessous sa main ; fâché sera par malin
« téméraire. »

Qui de vous pourrait se méprendre sur le sens de cette nouvelle prophétie? *Le tyran inhumain qui meurt cent fois*, est l'homme qui, abandonné de tous, déchu de sa funeste grandeur, reste seul avec sa conscience, devient la proie des remords affreux. Les souffrances de Buonaparte seront donc éternelles comme son ame. Ce *savant débonnaire*, c'est le souverain auguste qui, pendant vingt-cinq ans de souffrances et de persécutions, n'a cessé d'appeler à son secours, comme sa plus douce consolation, les sciences et les beaux arts; qui, instruit dans sa retraite et par l'histoire désastreuse de toutes les nations, du danger pour un état d'être gouverné par un conquérant ambitieux, a fait le serment de ne signaler son règne que par des actes de clémence, et de répandre sur son royaume les trésors de l'abondance et les bienfaits d'une paix durable; c'est dans ce sens que *le sénat sera sous sa main*, c'est-à-dire, que comme il a toujours prêté les mains aux vexations du tyran, aux guerres les plus sanglantes, il sera traité comme il le mérite: la plupart de vous ont déjà deviné le sort qui leur est réservé; mais en attendant ce dénoûment, il est dévoilé, dénoncé à l'opinion du peuple, *fâché enfin par malin téméraire*. Que de gens ont déjà pris plaisir à réaliser cette dernière prédiction!

Français, je vous en ai dit assez pour que vous soyez bien persuadés que Nostradamus n'a jamais été un charlatan. Si quelqu'un de vous osait révoquer ces prédictions en doute, qu'il consulte mes centuries: *vide et crede.*

CHAPITRE II.

Rêve de Buonaparte. — Portrait de sa conscience. — Le Miroir de la vérité. — Les évènemens imprévus. — Apparition.

Nulle paix pour l'impie : il la cherche, elle fuit,
Et le calme en son cœur ne trouve point de place.
Le glaive au dehors le poursuit,
Le remords au dedans le glace.

Dans la nuit du 5 au 6 avril, le lecteur se trouve transporté à Fontainebleau, dans l'appartement où le pape fut si longtems détenu. Qui est-ce qu'il y voit?.... *Buonaparte.*

BUONAPARTE *à moitié endormi et rêvant.*

« Maréchaux, qu'on assemble mes armées...
« Demain nous sommes à Paris. Trompée par
« nos bulletins, la capitale s'est défendue, elle
« est anéantie.... N'importe, sa destruction à
« diminué le nombre de mes ennemis. Mainte-
« nant je puis vaincre, et du haut de mon
« trône foudroyer les indignes alliés des Bour-
« bons.... Aux armes !... aux armes !... Mar-
« chons ! »

Buonaparte eut à peine le tems d'achever son rêve, qu'il fut réveillé en sursaut par un grand bruit qui se fit entendre à la porte de son appartement.

Qui va là ! s'écria-t-il alors d'une voix tremblante: je dis *tremblante;* car tout le monde sait que rien n'est plus mauvais que d'être ainsi réveillé.

LA CONSCIENCE DE BUONAPARTE (car c'était elle) *continuant de frapper.*

Ouvre-donc ! intrépide guerrier....

BUONAPARTE *réfléchissant de suite qu'il est sans armes.*

Que me veux-tu? Ton nom....

SA CONSCIENCE *impatientée.*

Allons, allons, voilà bien des façons..... Je vois qu'il faut entrer malgré toi....

D'un coup de genou elle enfonce la porte; à peine en a-t-elle dépassé le seuil, que Buonaparte la reconnaît et s'évanouit, tant elle lui fait peur. On saura, en effet, qu'elle lui avait apparu il y a quelques années pour la première fois. C'était alors une grande femme fort légère, assez fraîche, et revêtue d'une grande robe blanche, tachée il est vrai, en divers endroits, de *boue* et de *gouttes de sang*; mais on s'était étudié tellement à les effacer, qu'elles avaient presque disparu. Aujourd'hui quelle différence! Figurez-vous un vieux fantôme courbé en deux, tant il paraissait avoir été fatigué, couvert d'un long manteau noir, sur le col duquel brillaient en traits de feu, ces mots : *duc d'Enghien*; vers l'*estomac*, c'est-à-dire à l'opposé du cœur, ceux-ci : *Espagne*, *Vienne*, *Moscou*; et près des jambes, ces mots : *Dresde* et *Paris*. Mais les caractères les plus saillans étaient encore : *Paris* et *duc d'Enghien*. Un pareil spectacle était assurément fait pour glacer d'effroi nôtre héros. Revenu de son évanouissement, il se prit à haranguer sa conscience en ces termes :

« Malheureuse, que viens-tu faire ici! Qui « t'a donné le droit de troubler ainsi mon « sommeil? T'ai-je appellé à mon aide?... Sors « de ces lieux: sans toi je fus toujours heu« reux, et ton aspect seul m'épouvante.... »

SA CONSCIENCE.

« Je le crois sans peine. Tu fus assez longtems bercé de chimères, tu t'es assez longtems montré sourd à mes cris; l'heure est venue où j'ai dû t'apparaître pour ne te quitter jamais. C'est en vain que tu prétendrais m'échapper. Malgré toi tu m'écouteras, malgré toi tu conviendras de tes fautes, de tes injustices. Le remords fut toujours le supplice des méchans; et c'est le plus terrible qui te soit réservé.... Approche donc sans murmurer; ne crains pas de m'envisager, de contempler mes traits. Il faudra bien que tu t'accoutumes désormais à l'horreur de ma présence. Eh! mais, sans tes forfaits, serais-je devenue aussi effrayante, aussi hideuse? Ne reconnais-tu pas tout ce sang dont je suis couverte... ces traits de feu... ces noms redoutables... Tu frémis, tu trembles; ce n'est rien encore : le mal d'autrui ne fut jamais pour toi qu'un vain songe; je veux que tu ressentes à ton tour une partie des maux dont tu as accablé le monde entier. Vois donc l'orage affreux que ton insatiable ambition vient de faire éclater sur ta tête et sur celle de ta famille... »

(A ces mots elle détache une petite glace fort brillante qui pendait à sa ceinture.)

Prends ce miroir transparent... aie le courage d'y porter tes regards. Ces superbes lauriers dont jadis se parait ta tête altière.... les vois-tu!... Ils sont flétris. Qu'est devenu cet auguste héritage des Bourbons, ce diadême dont tu osas si longtems ceindre ton front sacrilège ?.. de lui-même il s'est détaché ; ta gloire s'est évanouie comme une vaine fumée ; ton trône, que dix années de conquêtes n'avaient déjà fait qu'ébranler, s'est écroulé au nom seul de Louis XVIII ; ton nom n'est plus enfin qu'une calamité, ton image un opprobre.

BUONAPARTE.

Qu'ai-je entendu, grands dieux ! Et quelle lâche imposture ! Je serais vaincu, détrôné, banni d'une terre qui trembla mille fois sous mes pas.... Non, non, l'*homme du destin* est au-dessus des combinaisons humaines, ma *providence* saura déjouer tous les vains complots de mes ennemis.

SA CONSCIENCE.

Eh quoi ! tu refuses de croire à ton épouvantable chute... Tu oses me braver, tu parles de *providence*... Incrédule... prends donc ce *miroir de la vérité*, tu vas y lire l'arrêt de ton sort.

Buonaparte, écumant de rage, se saisit brusquement du fatal miroir, et sa conscience d'un air triomphant, reprend en ces termes :

Où sont tes armées ?

BUONAPARTE, *les yeux fixés sur la glace et d'un air fort inquiet.*

Je les cherche....

SA CONSCIENCE.

Peine inutile !... Les vois-tu fuir avec précipitation tes étendards, se rallier à la cause de leur patrie; tu dois même entendre leurs cris d'allégresse, ces cris de *vive Louis XVIII*, dont ils font retentir au loin les plaines de l'air.

BUONAPARTE *abattu.*

Je vois, j'entends... Les traitres! ils m'abandonnent malgré les récompenses brillantes que je leur avais promises.

SA CONSCIENCE.

Des récompenses! toi ! Mais où sont donc ces trésors que tu avais eu si grand soin de faire enlever de ton palais, lâche produit d'exhorbitans subsides, et du salaire de tes sujets.

BUONAPARTE.

Juste ciel ! ne seraient-ils plus en mon pouvoir? Hélas ! je le vois, on me les enlève, on me les arrache.

SA CONSCIENCE.

Cet or, destiné entre tes mains à récompenser des méfaits, ne va plus servir qu'à faire des heureux. Et tes braves généraux, et ces maréchaux intrépides, qui tant de fois affrontèrent la mort pour l'intérêt seul de ta gloire et le salut même de tes jours, répondent-ils encore à ta voix? Osé donc les appeler. Tu le ferais en vain ; il n'en est pas un qui ne rougisse même de t'avoir appartenu. Mais je te quitte... Adieu, nous nous reverrons bientôt ; c'est dans le silence des nuits, au moment où, fatigué des scènes monstrueuses du jour, ton esprit croira reposer en paix, que je viendrai t'arracher des bras du sommeil, et venger ainsi l'univers des torrens de larmes que tu lui as fait répandre.

En disant ces mots, semblable à une vapeur légère, elle disparut en laissant, comme on peut le penser, Buonaparte très-surpris de sa visite.

CHAPITRE III.

Singulière fantaisie de Buonaparte. --- Son petit voyage à Paris. — L'effet du vin de Champagne. — Entrée de Louis XVIII.

Naturam expellas furcâ, tamen usque recurret.
Chassez le naturel, il revient au galop.

« Fouette donc, misérable postillon... C'est « pour en mourir... Dix grandes lieues encore « à faire.... Ah ! c'est décidé, nous n'arriverons « jamais ; le traître à l'air de dormir sur son « siège. » C'est à-peu-près ainsi que s'exprimait, le 2 de mai, Buonaparte, en se démenant comme un véritable énergumène, dans une chaise de poste qui le conduisait à Paris ! Comment ! à Paris ? vont s'écrier beaucoup de gens ; et qu'y venait-il faire ?.... Ma réponse est toute prête... N'était-il pas juste que chacun prît sa part des fêtes que nous avons célébrées dernièrement pour l'entrée de notre bon roi ? Sans doute, allez-vous me répondre. Eh bien ! pourquoi donc trouver étonnant que Buonaparte ait voulu être le témoin de notre ivresse et de nos réjouissances ? n'avait il pas acheté déjà tous les papiers-journaux qui disaient du mal de lui ? Vous voyez donc bien qu'il n'a pas de cœur... Mais que dis-je ? c'est peut-être un acte d'humilité qui l'aura porté à desirer de contempler le front d'un souverain dont il avait si longtems méconnu les droits et la puissance ; *à tout péché miséricorde.* Il demanda donc à son escorte la faveur d'être conduit à Paris, pour connaître, disait-il, « l'impression que l'entrée de Louis XVIII allait faire sur les parisiens. »

Les généraux, chargés de sa conduite à l'île d'Elbe, prévoyant mieux que lui jusqu'où cette demande inconsidérée pouvait le mener, accédèrent à son desir dans la seule intention, disaient-ils, *de lui faire plaisir.* Notre pauvre Corse, tout rayonnant de joie, se mit donc en route comme nous venons de le dire. Il était escorté d'une douzaine de braves officiers qui lui servaient de gardiens et de guides.

Après avoir couru la poste pendant deux jours et deux nuits sans prendre le plus petit repos, on arriva aux portes de Paris, précisément la veille de la fête. C'est fort bien jusqu'ici : mais il s'offrit une petite difficulté à laquelle on n'avait point songé. Comment faire pour pénétrer dans Paris ? Les compagnons de voyage de Buonaparte lui firent observer qu'il devenait indispensable, pour la conservation de ses jours, qu'il se travestît de manière à n'être reconnu d'aucun habitant, vu qu'ils ne pouvaient répondre du juste ressentiment du peuple. Cette observation, très judicieuse au fond, fut accueillie favorablement par Buonaparte, d'autant qu'on nous assure qu'il a beaucoup de goût pour les travestissemens. Le voilà qui se déguise; mais de manière à se rendre réellement méconnaissable. Je ne saurais, par exemple, dire au juste quel costume il prit: les uns pensent que le turban lui aurait bien convenu; d'autres assurent que l'attirail d'un Bohémien aurait mieux fait son affaire. La vérité est, je crois, qu'il endossa la grosse souquenille d'un Cosaque *qui paraissait avoir été faite à sa taille.*

C'est sous ce noble accoutrement qu'il entra dans Paris..... Autre embarras. La nuit était déjà fort avancée; il s'agissait de trouver un local convenable pour demeurer jusqu'au jour, et pouvoir même, sans le plus petit dérangement, devenir spectateur des cérémonies promises pour le lendemain. On convint de choisir une petite maison très-obscure qui se trouve au coin de la porte Saint-Denis, des fenêtres de laquelle on pouvait tout voir et tout entendre sans être aperçu. Cette utile découverte une fois faite, on ne songea plus qu'à se reposer. Dieu merci, tous les braves gens qui accompagnaient le Corse avaient besoin d'un peu de sommeil. Depuis plus de deux jours aucun d'eux n'avait fermé l'œil : aussi n'ayant rien qui les pût empêcher de sommeiller tranquillement, ils dormirent tous de fort bon cœur. Quant à Buonaparte, il passa au contraire une fort mauvaise nuit : tantôt c'était l'île d'Elbe qui lui apparaissait en songe ; il lui prenait soudain, à son aspect, un tremblement dont il ne pouvait se rendre compte ; tantôt c'était le château des Thuileries ; alors il se voyait entouré des grands de sa cour, il se promenait majestueusement dans toutes les galeries, comme s'il eût toujours été chez lui. Mais, hélas ! son illusion était de bien courte durée. Venait-il à pénétrer dans la *sàlle du trône*, le nom de Louis XVIII, gravé en lettres d'or, éblouissait aussitôt ses regards, et l'instruisait de son néant.

Le jour parut enfin ; on ne tarda pas à réveiller Buonaparte, persuadé sans doute qu'il avait assez dormi. Il fut d'abord très-satisfait d'une attention aussi aimable ; car les songes de la nuit l'avaient prodigieusement fatigué. Mais c'était bien tomber de Carybde en Scylla : à peine eut-il ouvert les yeux, et porté ses regards autour de lui, qu'il modéra sa joie ; ce n'était en effet pour lui qu'un triste échange de réalités.

Mais déjà le canon se fait entendre ; le bruit de mille cloches retentit dans les airs : le rôle que Buonaparte jouait alors lui était si peu familier, qu'il s'écria au premier coup de canon : « Eh quoi ! l'on tire le canon... mais je n'en ai pas donné l'ordre... — Pardon, Monsieur, lui répondit un de ses guides : vous oubliez sans doute que vous n'avez plus ici d'ordres à donner. — C'est un défaut d'habitude, reprit Buonaparte en souriant amèrement, mais je m'en corrigerai.... il le faudra bien. Ma foi, messieurs, ajouta-t-il un moment après, en se promenant à grands pas et les mains derrière le dos dans la petite pièce qui lui avait servi de chambre à coucher, vous conviendrez que vous ne vous êtes pas piqués de beaucoup de cérémonie en me choisissant pour pied-à-terre une masure telle que celle-ci... Morbleu, j'ai plusieurs fois dans ma vie séjourné dans de vilains palais, de vieux châteaux, et par nécessité ; mais je n'aurais jamais cru... — Eh bien ! vous avez tort, interrompit vivement un capitaine autrichien qui jusque-là n'avait encore rien dit ; la misérable masure qui nous met à l'abri de la fureur de tout un peuple, a mille fois plus de prix que le palais qui compromet nos jours... Ainsi, tâchez de vous trouver bien ici; d'ailleurs, nous n'y resterons pas longtems... ce soir nous repartons pour joindre votre escorte à Avignon.. »

Buonaparte répondit quelques mots entre ses dents, et l'on se mit de suite à déjeûner. Tout le monde avait faim; le vin était bon : la conversation s'anima donc, et Buonaparte avoua que depuis quinze ans c'était la première fois qu'il mangeait de bon cœur. Il n'avait plus, disait-il, de ministres, de généraux qui vinssent interrompre ses repas; il allait désormais déjeûner et dîner tranquillement... On ne sait en vérité toutes les petites confidences qu'il n'eût pas faites, tant il était égayé par le Champagne, quand le bruit des tambours interrompit soudain la conversation.... Un de ces messieurs s'approche de la fenêtre.., C'était la Garde nationale de Paris qui remontait le faubourg Saint-Denis jusqu'à la barrière, pour former, à partir delà, une haie jusqu'à Notre-Dame.

Au nom de la Garde nationale, Buonaparte, que le vin (comme nous l'avons déjà dit) avait rendu excessivement communicatif, partit d'un grand éclat de rire. Chacun de se regarder alors. « Les bonnes gens! s'écria-t-il; s'ils avaient eu l'esprit d'écouter mon frère, il n'en resterait plus actuellement un seul de vivant. Mais des amis de l'humanité (il est clair qu'il voulait parler ici du brave maréchal Moncey) ont cru de leur devoir de ne point faire égorger sans aucune utilité trente ou quarante mille pères de famille ou citoyens recommandables par leurs vertus et leurs talens : voilà des sentimens, ou *je ne m'y connais pas*. Ma foi, messieurs, demeurons à table : j'en veux décidément beaucoup à cette Garde nationale de ne s'être pas fait tuer pour moi. — Il est certain, reprit l'officier qui se trouvait à la fenêtre, que la France vous ayant déjà livré, depuis neuf à dix ans, sept à huit millions d'hommes que vous avez dévorés, vous devait encore ce dernier sacrifice ; et qu'est-ce que trente mille homme pour vous ? une bouchée... Mais à propos, continua l'officier, permettez-moi de vous faire une petite observation ; je remarque sur la poitrine de tous ces messieurs un petit ruban blanc auquel se trouve suspendue une fleur de lys ; serait-ce une décoration ? — « Oui-dà ! il faut que je voie cela, s'écria aussitôt Buonaparte. »

Il se lève alors de table, et ayant eu le soin de bien enfoncer sur ses yeux l'énorme schakos qui servait à cacher sa figure, il se met à la fenêtre avec tous ses convives. — « Eh! en effet, cela ne leur sied pas mal, dit quelqu'un. — A dire le vrai, je ne m'en faisais pas une aussi bonne idée, reprit Buonaparte. Joseph m'écrivait toujours : ta Garde nationale ne vaut rien.... elle a l'air de marcher à contre-cœur... tout le monde refuse de s'équiper... il n'y a pas de bonne volonté..... Comment donc! je leur vois un air vraiment militaire, une mine rayonnante. — Oui, mais les tems sont bien changés, reprit le même Autrichien; vous n'êtes plus Empereur, il est naturel que vous leur voyiez un visage riant. »

Deux ou trois grandes heures se passèrent ainsi en conversation, en attendant l'entrée du Roi. Enfin le bruit du canon, les cris universels de *vive le Roi! vivent les Bourbons!* suspenpendirent tout entretien. On a vu que Buonaparte s'était montré, toute la matinée, gai, franc et aimable, enfin tel qu'il n'avait jamais été.... Quelle affreuse métamorphose! soudain son front pâlit; ses genoux chancèlent, ses yeux s'obscurcissent; il veut parler, dissimuler son trouble affreux, il ne peut articuler un seul mot.

Déjà toutes les voitures du cortège ont défilé au milieu des acclamations, et des transports d'ivresse. Il n'y résiste plus : il demande la grâce de détacher ses regards d'un spectacle qui lui représente son anéantissement. Il veut décidément quitter la fenêtre. Tous les officiers qui l'entouraient, pour le punir de sa forfanterie, loin de lui livrer passage, se rapprochent au contraire et le serrent de plus près.. Voici l'instant de la crise. L'enthousiasme est porté à son comble; les cris, les fanfares, tout redouble : la voiture du Roi paraît.... Buonaparte tressaille; il veut détourner les yeux, mais ils se sont arrêtés malgré lui sur le front auguste de Louis XVIII. Une révolution affreuse s'empare de ses sens, des pleurs coulent de ses yeux, ses nerfs se contractent, et il tombe sans connaissance dans les bras de ceux qui l'entourent. Sont-ce là des symptômes de rage ou de repentir ?.....

Ce ne fut que deux heures après qu'il revint à lui. Voici les premières paroles qu'il prononça : « Partons, messieurs, partons; j'en ai assez vu, assez entendu pour voir que tout est fini pour moi. Ah ! maudite curiosité... que je la paie cher !..... » Il se soutenait à peine; il n'en partit pas moins avec ses guides, et l'on assure qu'il tourmentait encore plus le postillon pour s'éloigner de Paris, qu'il ne l'avait fait la veille pour y arriver. Aussi ne tarda-t-il pas à rejoindre son escorte à quelques lieues d'Avignon.

CHAPITRE IV.

Nuit du Château. — Nouvelle manière de voyager. — Séjour des Morts. — Ombres chinoises.

> La gloire des méchans en un seul jour s'éteint :
> L'affreux tombeau pour jamais la dévore.

MINUIT vient de sonner à une vieille horloge du château, dont le tintement perçant et lugubre se prolonge dans le vague des airs ; un calme effrayant règne sur toute la nature ; il n'est interrompu que par le bruit des vents qui sifflent au milieu des ruines d'une tourelle abandonnée, et la lune silencieuse réfléchit ses pâles rayons sur les vitraux de cet antique manoir : un spectacle pareil a je ne sais quel prestige qui imprime la terreur.

C'est là, dans cette retraite inconnue et entièrement inhabitée, quoique située à un quart de lieue d'Avignon, que Buonaparte avait trouvé un refuge assuré contre la fureur des paysans qui se pressaient sur son passage. Le maître du château, homme charitable, lui avait permis de l'occuper en entier ; il s'était placé dans un des plus beaux appartemens : quant à son escorte, elle était logée fort loin de lui dans les salles basses du château ; car Buonaparte avait toujours eu jusqu'alors le système de s'isoler de sa suite.

Il y avait près d'une heure qu'il était comme assoupi, quand il crut se sentir presser fortement le bras.... Soudain il se réveille.... Il veut porter ses regards autour de lui, mais sa lampe de nuit venait de s'éteindre. Le voilà plongé dans une obscurité profonde que les reflets opposés de la lune ne faisaient qu'augmenter encore.... Fort ému, il se lève, et se saisissant de son épée, il se dispose à parcourir tous les coins de son appartement.

C'est alors que minuit sonne : le son (comme nous l'avons dit) très-lugubre de l'horloge vint amortir son courage et porter dans son ame les plus noirs pressentimens.... Déjà ses pas se sont ralentis.... Il prête l'oreille et croit entendre marcher près de lui ; il lui semble même voir une grande ombre s'agiter à ses côtés. S'il approche, elle paraît fuir ; s'il s'éloigne, elle le suit. Notre héros ne sait que faire, que résoudre. Cependant après un court moment de réflexion, et comme il n'apercevait rien qui lui pût inspirer des craintes réelles, il conclut que toutes ces visions étaient le pur effet d'une imagination inquiète. Le voilà donc rassuré et bien décidé à ne plus se lever pour courir après de vains fantômes; déja même il regagnait fort tranquillement son lit, quand il entendit un bruit lointain et sourd semblable à celui de grosses chaînes. « Oh! oh! s'écria-t-il, qu'est-ce ceci? Serais-« je destiné définitivement à quelque mau-« vaise aventure dans ce château infernal? » A peine il avait dit ces mots qu'il vit poindre une petite lumière tremblottante, au fond d'un immense corridor qui venait aboutir à son appartement. « C'en est fait de moi, « reprit-il alors; mes yeux ne me trompent « pas : on en veut à mes jours. »

Cependant le bruit des chaînes augmentait au fur et à mesure que la lumière approchait; et, chose incroyable, cette fatale lumière semblait s'avancer d'elle-même, étant dirigée par une main invisible. A la vue d'un spectacle aussi imposant, Buonaparte, frappé de stupeur, immobile, ne peut articuler un mot, faire un mouvement; toutes ses facultés s'anéantissent... Une sueur froide circule dans ses veines.... son épée s'échappe de sa main... ses genoux fléchissent....

Mais déjà la lumière redoutable est parvenue jusqu'au seuil de son appartement, les chaînes ont cessé leur bruit affreux; alors une voix sépulcrale se fait entendre: « Tyran, dit-elle, « suis-moi. » — « Jamais, reprit Buonaparte; » et rassemblant toutes ses forces, il s'apprêtait à fuir.... Bientôt la lumière disparaît.... sa main est saisie avec violence.... un abîme s'ouvre sous ses pieds, duquel s'exhale une odeur de soufre et dont les bords sont éclairés par des milliers de feux follets. « Me suivras-tu maintenant, reprit la même voix d'un air plus menaçant encore? — Il le faut donc, dit le Corse à moitié mort de peur. —Plonge-toi sans crainte dans ce gouffre.... j'y vais descendre à tes côtés. »

L'éclair est moins prompt, la foudre est moins rapide: Buonaparte en, entendant prononcer ces derniers mots de l'invisible, se sentit précipiter dans l'abîme.

Je n'ai pas besoin de dire qu'il perdit connaissance durant ce petit voyage souterrain....., On ne sait donc pas précisément combien de milliers de lieues il a dû faire.

Quand il fut entièrement revenu de son évanouissement, il ne laissa pas que d'être passablement étonné de se trouver en bonne santé dans les entrailles de la terre. « Où suis-je, se disait-il à lui-même? Que veut-on de moi? Voilà pour le coup l'aventure la plus extraordinaire qui me soit jamais arrivée. — Rassure-toi, reprit un vieux fantôme placé derrière lui, et qu'il n'avait conséquemment pu remarquer encore; les tableaux qui vont frapper tes regards sont assurément ce que *ta conscience* puisse t'offrir de mieux. »

BUONAPARTE *examinant le fantôme.*

Quoi! c'est vous.... qui le mois dernier.... à Fontainebleau?....

SA CONSCIENCE.

Précisément.... Tu as, je le vois, de la peine à me reconnaître.... n'importe : apprends que c'est moi qui viens de t'apparaître tout à l'heure au château, que c'est encore moi qui t'ai conduit dans ce séjour.... ; mais profitons des instans, ils sont précieux.... Aperçois-tu devant toi cette *inscription ardente?*

BUONAPARTE *levant les yeux.*

Grands dieux! *séjour des morts?*

SA CONSCIENCE.

Eh bien! c'est-là justement que je te veux mener, tu vas entrevoir dans cette enceinte redoutable une partie des générations infortunées que tu as fait égorger pour satisfaire ton ambition démesurée ; tu vas entendre leurs cris ; leurs gémissemens.... Cela ne peut te faire de peine ; ainsi donc avançons.

BUONAPARTE.

Aurez-vous bientôt cessé de me tourmenter...? A quoi bon m'offrir toujours l'image dégoûtante de mes crimes?

SA CONSCIENCE.

A quoi bon !.... Eh! pour te punir de les avoir commis. Tu te trompes fort si tu crois être au bout de tes tourmens : Je te prépare mille autres petites surprises qui seront peu de ton goût..... Mais, à propos, je dois te défendre impérieusement, quelle que chose que tu voies, que tu entendes, de donner la plus petite marque d'impatience ou d'improbation. C'est une violence terrible, sans doute, que je t'impose ; mais je l'exige. En effet, si tu ne gardais le plus profond silence, tu courrais les risques d'être aperçu de quelques-unes de tes victimes ; elles auraient droit de penser alors que tu viens insulter à leurs mânes : laisse-leur au moins la paix des tombeaux, puisque tu leur as ravi l'existence et le bonheur. Je compte sur ton obéissance.... Entrons.

A la voix du fantôme, une porte d'airain s'est ouverte; Buonaparte, précédé de sa conscience, en a franchi à peine le seuil qu'elle se referme sur eux. Qui pourrait jamais décrire l'émotion terrible que le Corse ressentit en pénétrant dans ces lieux ! Non, la révolution épouvantable que lui firent dans le château et les menaces du fantôme, et l'aspect du gouffre enflammé, ne se peut comparer encore au sentiment indéfinissable d'horreur qui s'empara de lui.

En effet, qu'on se figure un homme placé entre sa conscience et une multitude innombrable d'ombres effrayantes et hideuses qu'il reconnaît comme autant de victimes de sa férocité ! Qu'on le suppose forcé d'entendre les terribles imprécations qu'elles vomissent de toutes parts contre lui, sans pouvoir en tirer vengeance, sans pouvoir même proférer un seul mot !.... Eh bien ! voilà quelle était la position de Buonaparte.

Mais sa conscience (le tirant subitement de la profonde rêverie où le plongeait cet affreux spectacle) :

Approche de ce côté.... Ces ombres que tu

viens de voir et d'entendre ne sauraient guère t'intéresser.... N'as-tu pas bien vu de suite que ce sont des malheureux que tu as pour jamais séparés de leurs mères, des maris de leurs femmes, des pères de leurs enfans ?.... Ils font partie de ce peuple que tu tyrannisais.... C'est une raison de mépriser leurs douleurs et de rire de leurs vains reproches. Une scène d'un bien autre intérêt t'attend près d'ici ; mais sur-tout prends garde de faire le moindre bruit. Aperçois-tu dans le lointain un petit groupe d'ombres qui paraissent en quelque sorte rassemblées ?

BUONAPARTE.

Eh bien !....

SA CONSCIENCE.

Une auréole brille au-dessus de leurs têtes : *Nous sommes tous ses victimes*.... Il est, tu le vois, encore ici question de toi. Ces hommes étaient pour la plupart tes amis.... Tu les as fait sacrifier. Examinons-les un peu de près : d'abord voici Desaix, à qui ta politique éleva des autels..... Plus loin paraissent les braves *Hoche* et *Kléber*.... Leurs noms te font trembler.... N'en parlons plus.

BUONAPARTE.

Quelle est cette grande ombre qui semble se diriger sur moi?

SA CONSCIENCE.

Juste ciel ! c'est Pichegru.... Prends garde qu'il ne t'aperçoive, car je ne répondrais plus alors de tes jours.

BUONAPARTE.

Eloignons-nous donc; la vue de cet homme m'a toujours fait une impression....

SA CONSCIENCE.

Soit... Aussi bien, voici deux champs de bataille qui s'offrent à nos regards ; on m'a dit que tu aimais à repaître tes yeux de ce genre de spectacle.... Sois donc satisfait. Vois-tu ces plaines ensanglantées, ces milliers de cadavres entassés l'un sur l'autre comme autant de montagnes, ces affreux monceaux de cendres à la place même où nos yeux contemplaient naguère de riantes habitations. Partout c'est l'image de la dévastation, du carnage, de la mort!.... Là, tu reconnais ces champs fatals de Léipsick ; plus loin, ces plaines de la Moskowa, d'effroyable mémoire.... Mais avançons encore ; car tu ne peux pas bien entendre d'ici les cris lamentables de tous ces malheureux guerriers dont la terre est jonchée.... Blessés, mutilés pour toi, privés de pain, de secours, glacés de froid sur les restes infects et inanimés de leurs malheureux compagnons, en proie aux souffrances les plus inouies, ils luttent depuis huit jours entiers contre la mort.... Que le ciel te rende jamais les tortures épouvantables que tu leur fais éprouver.

BUONAPARTE.

Ah ! c'en est trop.... Fuyons....

SA CONSCIENCE.

Déjà !.... Je veux bien encore pour aujourd'hui avoir quelque pitié de toi ; nous n'en sommes qu'à notre seconde entrevue : nous nous reverrons.... Mais prépare-toi à faire bientôt un nouveau voyage dans ce séjour de deuil... Insensé !.... Tu te plains ; mais tu ne sais pas jusqu'où la conscience d'un tyran peut le mener. Adieu, jusqu'au revoir.

Elle dit, et soudain tout s'est évanoui, tout a disparu ; et Buonaparte, sans avoir changé de place, se retrouve transporté dans son lit, où je le laisserai dormir jusqu'à nouvel ordre.

CHAPITRE V.

Le recevrons-nous ?... Ne le recevrons-nous pas ? — Arrivée de Robinson dans son île. — Discours de réception. — Pas si bête. — Il s'instale.

Il faut être bon même avec les méchaus.

« BUONAPARTE, déchu du trône, se retirera « dans l'île d'Elbe, avec un revenu annuel de « six millions. » Tel fut, le 2 avril dernier, le vœu du sénat, du conseil provisoire, celui enfin de la nation.

On croira que ce vœu sanctionné par toutes les puissances de l'Europe, ne pouvait trouver aucun contradicteur; que l'humanité entière allait par-là se voir délivrée à jamais du fleau qui la désolait.....

On se trompe; car telle est l'inconcevable fatalité attachée au nom de Buonaparte, que dans sa disgrace même, il va faire encore verser des larmes..... Il ne peut plus sans doute couvrir l'Europe de deuil; mais il est presque assuré que les pauvres habitans de l'île qui lui est désignée pour retraite, vont devenir à leur tour les victimes de ses goûts sanguinaires... Je rappelerai à l'appui de mon opinion, cette pensée ingénieuse d'un auguste personnage, qui jugeait convenable de donner à Buonaparte la moitié de l'île de Corse, *afin de lui laisser le plaisir de conquérir l'autre*.... Ah ! que l'auteur de cette saillie connaissait bien le caractère de *l'homme* !

J'en reviens à ces malheureux Elbois. Tout aussi-tôt qu'ils eurent appris que leur île allait servir de résidence à Buonaparte, les voilà consternés. Ils se demandent soudain de quel crime ils ont pu se rendre coupables, pour qu'on les condamne à recevoir dans leur île celui qui en a si long-tems troublé le repos, à tendre une main secourable à l'homme qui va peut-être les réduire à l'esclavage, à la misère.... On s'assemble donc, on délibère ; le plus grand nombre des habitans pense qu'il faut demander à la France la grace d'être dispensés d'offrir un asyle à Buonaparte.... On était même sur le point de dépêcher des courriers vers le sénat, quand un des plus riches cultivateurs de l'île se prit à haranguer le peuple en ces termes :

« Arrêtez, messieurs, qu'allez-vous faire ?... Demander au peuple français à ne point recevoir Buonaparte dans votre île, vous refuser ainsi à l'accomplissement des vœux de l'Europe entière.... Y pensez-vous ? Avez-vous bien réfléchi aux suites funestes d'une démarche aussi inconsidérée ? Quelle haute idée donnerez-vous de votre attachement à la maison des Bourbons ?... Comment dira-t-on que vous aurez servi la cause de l'humanité, si vous dédaignez d'entrer dans les vues nobles et généreuses de la coalition. Vous vous plaignez des maux que Buonaparte vous a fait souffrir. Eh! que sont-ils, grands Dieux! auprès de ceux dont il accable depuis dix ans la France et le reste du continent? Toutes vos terres ont-elles été ravagées, vos champs détruits, vos fortunes dilapidées, vos enfans vous ont-ils enfin été enlevés pour être moissonnés à la fleur de l'âge? Cessez donc de gémir en pensant qu'il n'est point un coin de la terre qui ait été exempt de ces affreuses calamités; et vous refuseriez encore de vous charger de la noble mission qui vous est confiée, celle de dérober aux regards de l'univers l'aspect et jusqu'au nom de son plus grand ennemi. Braves habitans, je connais votre cœur : vous savez ce que vous devez à la France, à l'honneur, à vous-mêmes. »

A peine eût-il prononcé ces dernières paroles, qu'un cri unanime de satisfaction s'éleva de tous les points de l'assemblée : « Que nous étions insensés! » « Nous saurons, ajoutaient les autres, « être malheureux même... s'il le faut; mais « nous aurons au moins la gloire de renfermer « l'hydre dans notre sein. »

Une semaine s'était écoulée dans ces heureuses dispositions, sans qu'on eût reçu aucune nouvelle de l'approche de Buonaparte. Un jour qu'un grand nombre d'habitans de Porto-Ferraio s'étaient réunis sur une espèce de petite coline peu distante de la baie du même nom, pour y danser, suivant l'usage du pays, en réjouissance d'une fête de famille, on crut distinguer en pleine mer un fort bâtiment de guerre qui se dirigeait sur l'île d'Elbe. La vue de ce vaisseau fit sur-le-champ cesser les jeux et les danses : on ne douta plus que ce ne fût le bâtiment qui portait Buonaparte. On s'occupa donc aussi-tôt des moyens de le recevoir ; tous les principaux habitans de l'île se rassemblèrent, et l'on convint de faire à Buonaparte un discours de réception qui dût le mettre à même de juger du caractère des Elbois ; « car, disait-on, si nous paraissons trembler à son aspect, si nous avons l'air d'hésiter à lui dire la vérité sans aucun déguisement, nous sommes perdus ; il se croira autorisé à prendre sur nous un ascendant qu'il ne doit jamais avoir ; nous sommes libres, nous deviendrions ses esclaves ; nous sommes heureux, il nous accablerait de maux et de misère. »

Cependant le vaisseau est entré dans le port, tout le monde s'empresse sur le rivage ; mais on n'entend pas le matelot saluer, comme c'est l'usage, la terre par des acclamations réitérées; aucun cri de joie ne sort du vaisseau, le plus morne silence règne sur le rivage : il semblerait, en vérité, que ce navire soit du nombre de ceux qui, venus des pays du Levant, recèlent la contagion dans leurs flancs, et l'apportent aux contrées malheureuses qui les reçoivent sur leurs bords. Un esquif se détache du bâtiment; il vogue, il a bientôt touché à la terre. Celui qui en descend le premier fixe à l'instant sur lui tous les regards; ses traits sont empreints d'une tristesse mortelle. La multitude l'environne, on le considère longtems en silence avec un secret sentiment d'effroi. Tout-à-coup, perçant la foule, le vieillard qu'on avait chargé de porter la parole s'avance et dit : « Soldats, habitans, vous tous qui m'entendez, vous souvient-il de ce monarque si puissant, si redoutable qui naguère remplissait l'univers du bruit de ses fatals exploits, de cet empereur enfin qui porta sur la surface de l'Europe le deuil et les ravages. Eh bien ! cet homme si grand... il est devant vous. Le voilà ce Napoléon dont le nom seul nous fit tant de fois trembler. Aujourd'hui, humble et suppliant, il vient, par la voix de toutes les nations, nous demander l'hospitalité.... Si nous ne consultions que l'horreur qu'il nous a toujours inspirée, nous le repousserions de notre sein ; mais il est malheureux, humilié, couvert d'opprobres ; nous ne voyons plus en lui le tyran, mais l'homme. La perte d'une couronne est pour l'être ambitieux le plus grand des châtimens.... Las de ses injustices, le ciel a bien voulu enfin se charger du soin de notre vengeance. Loin de nous la pensée d'y ajouter encore ; nous lui tendrons les bras, nous l'accueillerons comme l'étranger infortuné qui fait naufrage sur nos côtes ; mais pour prix de nos soins, de notre généreuse hospitalité, s'il concevait jamais l'idée de nous asservir, s'il oubliait qu'il n'est plus Empereur, qu'il tremble ! Il verrait qui nous sommes, il apprendrait que le décret mémorable qui l'a pour jamais replongé dans le néant, doit le suivre jusque par-delà le tombeau. »

En entendant ces mots, l'ex-empereur fut comme frappé de la foudre ; il savait bien être détesté des habitans de l'île d'Elbe (car en quel endroit de la terre ne le détesterait-on pas) ; mais il ne croyait point trouver chez ce peuple autant de force et d'énergie. Le discours que nous venons de rapporter l'avait donc tellement ému, qu'il demeura quelques instans sans parler. Enfin il répondit en ces termes : « Calme-toi, « bon vieillard. D'où naît donc cette étrange « fureur à mon aspect ; me connois-tu ? »

LE VIEILLARD *vivement.*

Si je te connais ! demande au marin s'il connaît la tempête.

BUONAPARTE.

T'ai-je jamais fait de mal ?

LE VIEILLARD.

A moi, pas précisément ; mais tu oublies que je suis l'organe de tout ce peuple qui nous entoure.

BUONAPARTE.

Est-ce aussi lui qui t'a chargé de m'adresser le discours insolent que je viens d'entendre ?... Prétendrais-tu faire la leçon aux rois ?

LE VIEILLARD.

Ce ne fut jamais mon dessein ; au moins en te parlant aujourd'hui. Personne n'ignore, au surplus, qu'au tems même où il eût été si essentiel pour ta gloire de soumettre à l'empire de la raison la violence de tes passions, tu as toujours méprisé les sages avis de tes ministres, comment concevrais-je ici l'espoir de dompter enfin un caractère indomptable? Ne t'abuse donc pas davantage sur nos intentions. Nous ne voulons point que Buonaparte cesse d'être lui-même, puisque son cœur ne peut changer ; mais nous voulons au moins qu'il soit persuadé d'avance que si les Elbois sont naturellement doux, bons et hospitaliers, ils savent aussi manier les armes et se venger des tyrans qui tenteraient de les opprimer.

BUONAPARTE.

C'en est assez... vous serez heureux. Puis se tournant vers un des généraux qui composent sa suite : « J'ai besoin d'être seul... Faites-moi conduire dans le château qui m'est destiné ; j'ai déjà conçu, pour la sûreté et la fortification de cette île, plusieurs projets que je veux vous communiquer dès demain. »

Il disparut bientôt avec le général ; et le peuple de questionner les officiers et les soldats de la suite de Buonaparte, pour savoir tout ce qui s'était passé tant à Paris qu'à Fontainebleau ; mais la nuit ne tarda pas à venir, et chacun se sépara.

CHAPITRE VI.

La petite revue. — Le cosaque qui parle comme un homme. — La comète. — La jeune veuve. — Le lendemain de noces. — Dernier coup d'œil sur l'île d'Elbe.

> Les tyrans sont pareils aux oiseaux de rapine,
> Qui meurent sans honneur à l'ombre d'une épine.

KALOWBALOUFF est le nom d'un fort honnête homme dont je fis la connaissance dans un des carrés des Champs-Elysées il y a environ un mois. Il faisait partie de ces bandes de cosaques qu'on allait y voir chaque jour comme des bêtes curieuses. Kalmouk d'origine, il avait toute la gaîté d'un Parisien, l'esprit d'un Gascon, la franchise d'un Picard et l'entêtement d'un Breton; ayant d'ailleurs fait d'excellentes études dans son pays, il possédait un peu de grec, de latin, d'espagnol, d'italien; enfin il parlait la langue française beaucoup mieux qu'on ne le fait dans nos villages: c'est assez dire que Kalowbalouff était un petit cosaque fort intéressant. Une bouteille d'eau-de-vie et trois ou quatre douzaines de harengs crus me valurent le titre de son ami. Comme il parut desirer vivement de connaître Paris, j'obtins de son chef la permission de l'emmener avec moi. Je dois dire en passant que ce chef de cosaques était un des plus jolis hommes que j'aie jamais vus.

Monsieur Kalowbalouff, après s'être bien émerveillé sur la beauté des édifices que renferme la capitale, après avoir parcouru tous les théâtres et les cafés, n'eut-il pas la fantaisie d'entrer dans un petit cabinet littéraire situé rue de l'ancienne Comédie-Française. J'eus beau lui faire observer qu'on rirait en le voyant s'occuper de politique, il fut sourd et se contenta de me faire une horrible grimace que je pris pour un signe de mécontentement. Voilà mon homme entouré en un instant de mille pamphlets de toutes les couleurs et de toutes les grandeurs. Mais comme personne n'aime moins la lecture que moi, je pris ma canne et mon chapeau, tirai ma révérence à Kalowbalouff, en lui disant que je l'attendais le lendemain à dîner. Je me rappelle qu'il me dit alors, en me prenant la main, *Bon Français, demain vous verrez*. Il fut exact. Mais quel fut mon étonnement quand il m'avoua, en dînant, qu'il avait fait des réflexions, par écrit, sur chaque brochure qu'il avait lue la veille. Comme les réflexions d'un cosaque me paraissaient devoir être fort originales, je le priai instamment de me les communiquer, ce qu'il fit de très-bonne grâce, en me recommandant toutefois de ne point les faire imprimer. J'ai tenu parole jusqu'au moment de son départ; mais aujourd'hui qu'il est peut-être loin déjà de la France, je crois faire plaisir au public en mettant au jour son écrit auquel je n'ai rien changé. Il est intitulé : *Ça va-t-y bien !*

« Courage, Messieurs, dit-il, courage! Querellez-vous bien, disputez-vous tout à votre aise... Le peuple, pour les menus plaisirs duquel vous paraissez nés, saura vous fixer la place qui vous convient; il saura, suivant l'excellence de vos œuvres, dire à l'un : tu déraisonnes; à l'autre, tu n'a pas le sens commun; à celui-ci, tu es un imbécille; à cet autre enfin, tu aurais mieux fait de garder tes cochons que de chercher à parler d'un Buonaparte que tu n'as jamais vu, d'un sénat que tu n'a jamais connu, d'un corps législatif dont tu n'as jamais été à même d'apprécier les véritables sentimens. »

Peste! M. Kalowbalouff arrange pas trop bien tous nos auteurs de pamphlets. Mais écoutons-le.

« Parlerai-je de mille et une brochures, plus insignifiantes les unes que les autres, que la circonstance a fait éclore. Elles naissent et meurent le même jour; le public a le tems à peine de s'apercevoir de leur existence qu'elles ont déjà disparu. J'excepte du nombre de tous ces pauvres moribonds plusieurs petites feuilles recommandables par l'esprit qui les a dictées. Les *Réflexions* de M. Bergasse sont, pour la plupart, judicieuses ; mais je ne dirai rien de la réponse qu'on leur a faite ; elle est, à n'en point douter, d'une personne intéressée à la conservation du sénat sans exclusion. Le bout de l'oreille passe. *La voix du peuple*, *la voix de Dieu*, *le Sénat traité comme il le mérite*, sont pareillement des brochures qui se recommandent à l'attention du public. Le premier de ces écrits est une analyse raisonnée de la constitution proposée par le sénat, conséquemment une satyre ; mais il est à remarquer que le zèle de l'auteur l'entraîne un peu trop loin. Quant au second, c'est, à mon avis et foi de cosaque, un des mieux pensés qu'on ait mis au jour.

« Mais que signifient ces misérables pamphlets dans lesquels on se permet, sous le voile de l'anonyme, de prendre ouvertement à partie les hommes dont l'opinion se prononce contre Buonaparte? A quoi tendent ces reproches insensés qu'on leur fait journellement? Ne faudrait-il pas avoir été emprisonné, exilé, pillé, ruiné par le Corse pour avoir le droit de dire aujourd'hui, à qui voudrait l'entendre, que les Français lui doivent tous les maux dont ils ont été accablés ; qu'il a épuisé les richesses du plus beau pays de l'Europe ; qu'il a dévoré plus de la moitié de sa population ; qu'il a porté le fer et la flamme chez mille peuples qui ne lui voulaient point de mal ; qu'enfin, il a presque rendu le peuple français odieux à toutes les nations de la terre ? Ne faut-il s'intéresser qu'aux maux seuls que l'on souffre?... Un incendie affreux éclate dans notre voisinage, ne devons-nous plaindre le sort des infortunés qui en auront été les victimes qu'autant que nous le partagerons ? Voilà de l'égoïsme tout pur. Ces sentimens naturels chez des barbares comme nous sont vraiment indignes d'une nation qui s'honore de ses idées libérales. Faudra-t-il, parce qu'une institution dépravée, funeste au bonheur du genre humain, m'était particulièrement avantageuse, que j'aille mettre effrontément mon intérêt personnel en balance avec l'intérêt de tous ? Non, non. Ah ! que vous déclariez guerre ouverte à ces caméléons adroits qui, après avoir été comblés de biens et d'honneurs par Buonaparte, après l'avoir enivré d'encens pour prix de ses bienfaits, sont aujourd'hui les premiers à se plaindre de ses injustices, de sa tyrannie, de ses persécutions,... je vous approuve : on ne saurait trop signaler l'ingratitude partout où elle se rencontre ; c'est un des vices, suivant moi, qui dégradent le plus l'homme. Mais pourquoi trouver mauvais que des citoyens bien intentionnés cherchent à mettre en lumière des opinions qui sont celles du peuple, qu'ils s'efforcent de donner aux esprits du petit nombre de gens dont les yeux sont encore fascinés, une direction convenable à leurs plus chers intérêts? Buonaparte n'est point d'ailleurs un tyran ordinaire. On l'a mille fois comparé à Robespierre; on a sans doute eu raison; mais encore faut-il bien convenir que Robespierre n'était véritablement qu'un fort petit garçon auprès de lui. Il avait bien, si vous le voulez, tous les mêmes sentimens de l'ex-empereur; mais quelle différence de puissance! Celle du premier, et *fort heureusement pour l'humanité*, se réduisait au centre de la France; mais la puissance de celui-ci, s'accroissant de jour en jour, n'allait bientôt plus connaître de bornes. Eh quoi! le fils d'un petit greffier d'Ajaccio devenir empereur des Français! dicter des lois à l'Europe entière! Tant d'abaissement, tant de grandeur, sont à-peu-près sans exemple dans l'histoire; aussi, les détails de la chute d'un tel homme sont d'autant plus intéressans que son élévation a été extraordinaire. »

Ici finissent les réflexions de Kalowbalouff: on conviendra que ce n'est pas mal raisonner pour un cosaque. Mais comme il n'a pas dit tout ce qu'on pouvait dire sur ce sujet, je vais prendre la parole à mon tour.

Tout le monde se souvient de cette fameuse comète qui apparut en France il y a quelques années. Elle devait, au rapport de toutes les bonnes gens, embrâser la terre. Combien de tems l'apparition de ce célèbre météore n'occupa-t-elle pas tout Paris! La comète avait disparu depuis longtems de notre horison, qu'on en parlait encore. Dans les journaux, dans les sallons, dans les cafés, elle était l'objet constant des conversations; et même aujourd'hui un café du Palais-Royal, qui n'est certainement pas le rendez-vous de la meilleure société, en porte et le nom et l'enseigne. Eh bien! si l'on pouvait raisonnablement comparer Buonaparte à ce météore passager qui nous effraya tant, il ne paraîtrait pas étonnant qu'on s'en occupât longtems même après sa disparition. Mais il existait cette grande différence entre la comète et Buonaparte, c'est que la *queue* de l'une qui devait causer ici-bas tant de ravages, ne nous fit aucun mal, nous en fûmes quittes pour la peur; tandis que la *tête* de l'autre, au contraire, qui devait, dit-on, travailler à notre bonheur, nous accabla des plus grandes calamités.

N'en parlons plus, ont dit les uns; je ne suis pas tout-à-fait de cet avis. En effet, ne plus parler de Buonaparte c'est à-peu-près nous mettre dans la position d'un homme qui, sauvé par son voisin du danger le plus pressant, chercherait à oublier ce même danger tout aussitôt qu'il en aurait été délivré. Nous ne pouvons nous rappeler les maux affreux dont le tyran nous accablait, sans rendre en même tems des actions de grâces aux puissances coalisées qui nous ont arrachés aux serres cruelles de l'aigle pour nous replacer sous l'antique règne des lys, sans penser au bonheur qui nous attend sous le gouvernement de nos maîtres légitimes.

Parlons-en toujours, disent les autres : voilà l'excès contraire. Toutes les passions ont un terme. Les sentimens de douleur, de vengeance, de plaisir, s'éteignent avec le tems. Voyez cette jeune veuve qui vient de perdre hier son mari : elle se lamente, elle pleure, le voisinage retentit de ses cris plaintifs. Croyez-vous franchement que cela doive durer éternellement? Point du tout. On répétera longtems encore le nom du défunt ; mais pour peu seulement qu'une année se soit écoulée, les larmes se tariront, et la jeune veuve avisera bientôt au moyen d'en pouvoir répandre encore un jour. Voyez cet autre jeune homme : il a le bonheur d'épouser aujourd'hui une femme qu'il adore ; aussi est-il assez rayonnant. L'ivresse qu'il éprouve ne se peut rendre : il est vraiment plus heureux qu'un roi. Oui, mais attendez-le au lendemain, sa joie sera d'abord moins bruyante, le jour suivant il rira médiocrement, et bientôt..... il ne rira plus. Quant à la vengeance, elle a de même son terme; il n'est point dans le cœur de l'homme de haïr éternellement. Eh! qu'est-ce que Buonaparte aujourd'hui? je le demande à tous; un être faible, pusillanime, sans défense, préférant une vie ignominieuse à une mort nécessaire. Naguères colosse épouvantable, c'est maintenant un ver qui rampe sur la terre. Où donc est ce prétendu législateur qui se glorifiait hautement d'avoir imprimé à nos lois le sceau de son génie, ce guerrier si vaillant qui croyait, en faisant périr des armées innombrables, mériter le surnom de grand capitaine et surpasser tous les héros de l'antiquité? Qu'est devenu ce moderne Alexandre, cet *homme du destin* qui, pour légitimer les guerres odieuses qu'il faisait à toutes les puissances de l'Europe, les supposait *entraînées par la fatalité*, et probablement pour accomplir la volonté du ciel, cherchait à les anéantir?... Vous demandez où il est? Eh! mais à l'île d'Elbe. Il se promène tranquillement, fait ses quatre repas, lit les brochures du jour, dort comme un Suisse, assez souvent herborise..... Ah! pour le coup c'est trop fort; un pareil homme doit inspirer aujourd'hui moins de haine que de pitié.

CHAPITRE VII ET DERNIER.

Retour des Bourbons. — Fêtes et réjouissances. — La poule au pot. — L'âge d'or. — Cri des Français.

Enfin il est arrivé ce jour tant desiré, et la France n'a plus de vœux à former. Nous gémissions sous le joug d'un étranger : un miracle nous délivre ; un de ces coups de la Providence qu'on ne saurait prévoir, une de ces coalitions auxquelles rien ne pouvait résister, nous rend à nos légitimes souverains. Quel jour de gloire pour la France ! Nous cessons de courber nos malheureux fronts sous un gouvernement tyrannique, nous tombons aux genoux de nos maîtres, de nos rois, en jurant de leur être à jamais fidèles.

Un astre bienfaisant venait déja de vivifier par sa présence nos cœurs flétris et desséchés par le chagrin. Nous avions eu besoin de son regard consolateur pour pouvoir détacher nos pensées des images affligeantes qui frappaient encore nos yeux. Prince aimable autant que bienfaisant, rempli tout-à-la-fois de grâces et de majesté, tous ses momens étaient marqués par la plus tendre sollicitude pour la France. Il nous annonça la paix et le bonheur, et c'était le vœu de la France épuisée par vingt ans de sacrifices

Mais au milieu de toutes ces scènes d'attendrissement que renouvelait chaque jour l'aspect de S. A. R., on regrettait de ne pouvoir contempler le front auguste de Louis XVIII : ce jour est venu enfin, et nous possédons notre Roi.

Avez-vous vu de tous côtés ces mâts, ces temples, ces orchestres, ces festons, ces guirlandes, enfin tous ces ingénieux préparatifs de fête que naguères la capitale déployait à nos regards. Quelle source de réflexions ! Quelle douce perspective ! Depuis longtems nous étions, il est vrai, accoutumés à des fêtes brillantes, à des cérémonies pompeuses ; le peuple était bien ébloui par le feu d'immenses illuminations, par l'éclat de vingt cortèges fastueux ; mais il restait insensible devant tout ce prestige de grandeur : jamais le cœur n'avait été de moitié dans ces fêtes, qui n'étaient d'ailleurs, en mille circonstances, que de purs actes de politique ; et demandez aujourd'hui à tous les cœurs français l'émotion qu'ils ont éprouvée à la vue de tant de travaux. N'était-ce pas un père qu'ils attendaient?

Oublions le passé, ne songeons qu'à l'avenir, nous répétait sans cesse le frère de notre bon roi. Eh ! qui de nous ne serait forcé d'oublier tous les maux que son pays a soufferts en pensant au bonheur dont il va jouir ? Qui de nous pourrait encore verser des larmes, quand partout il entend pousser des cris de joie ?

Français, nous naissons tous du jour où Louis XVIII est rentré dans le sublime héritage des saint Louis, des Henri IV, du moment où il s'est assis sur le trône de ses aïeux.

En venant règner sur nous, quel fut le vœu du roi ? Nous le connaissons tous, c'est de partager le sort du peuple, quel qu'il soit, de s'unir étroitement à sa destinée. « Tant que les « malheurs de mon royaume n'auront point été « entièrement réparés, a-t-il dit, j'essuierai « toutes les larmes que je verrai répandre ; je « pleurerai avec le malheureux, car nous ne « sommes qu'une même famille. Français, vous « êtes tous mes enfans, mes enfans chéris ; je « suis votre père et votre ami. »

Quel langage touchant ! Quelles paroles sublimes ! Ne croyons-nous pas entendre parler Henri IV, ce souverain si bon, qui, ne dédaignant aucun des plaisirs de son peuple, se trouvait heureux de son bonheur, content de sa joie ? Eh ! qui de nous pourrait oublier cette *poule au pot* d'éternelle mémoire ? Nous aussi nous mettrons enfin *la poule au pot*, sans craindre de la voir désormais baignée de nos larmes.

Plus de guerre, nous a dit Louis XVIII; ainsi le commerce, que tant de désastres avaient anéanti, va reprendre une nouvelle vigueur. Ces nombreuses manufactures, l'un des plus beaux ornemens de la France, et que la guerre paraissait avoir fermées pour toujours, vont, sous les auspices de nos rois, continuer leurs utiles travaux; les arts vont refleurir en tout lieux; le génie de nos poètes, affranchi enfin de ces chaînes odieuses qui comprimaient son essor, va se déployer plus brillant et plus noble. Parlerai-je de tous ces ports qui s'ouvrent à notre industrie, de ces relations, de ces liaisons d'amitié établies en un jour avec tous les peuples de la terre. La paix vient de franchir ces limites, jusqu'alors inaccessibles, qui la séparaient de nos contrées. Nos champs ne seront plus incultes, la guerre cesse de les dévaster. L'agriculteur honnête et laborieux n'est plus regardé comme un être inutile à la société, et le bon laboureur sur-tout, dont le doux emploi est de faire vivre son semblable, ne sera plus, comme autrefois, arraché à sa charrue pour participer à la destruction du genre humain.

Enfin cet âge d'or tant vanté par les anciens, va se réaliser pour nous.

Vive Louis XVIII! vivent les Bourbons!

FIN.

TABLE.

CHAPITRE VI.

CHAPITRE VII.

FIN DE LA TABLE.

www.ingramcontent.com/pod-product-compliance
Lightning Source LLC
LaVergne TN
LVHW010043230826
846091LV00005B/1836

9782011751805